例題 I'm taking.....lessons.+piano ⇒ I'm taking piano lessons.
ボクハ..... ヲ ナラッテイマス。＋ピアノ ⇒ ボクハ　ピアノヲ　ナラッテイマス。

本書について

本書は、英語に楽しく親しめるように、ダジャレを使って英単語を紹介しています。
英単語には、発音の参考となる読み方が書いてあります。ダジャレの日本語の文章と、
英訳は完全には一致していないものもあります。

This book introduces the English language to Japanese students
by mixing unique illustrations with various plays on words.
This book uses katakana as a guide for the pronunciation of English words.
The English translations for each of the puns are made with
both the Japanese speaker and English speaker in mind.
As Puns are by nature a form of "word play" the translations in many cases
are not literal translations.

「聞いてよ。今日、学校にくるときに　外国の子に
　話しかけられてね…」
「オイラ、とんだ　恥かいちまったぜ！」
「だまりこんじゃって、番長さん、
　かっこう悪かったですよ」
「だって、英語だったんだから　しょうがないだろっ。
　英語なんて　嫌いだ‼」

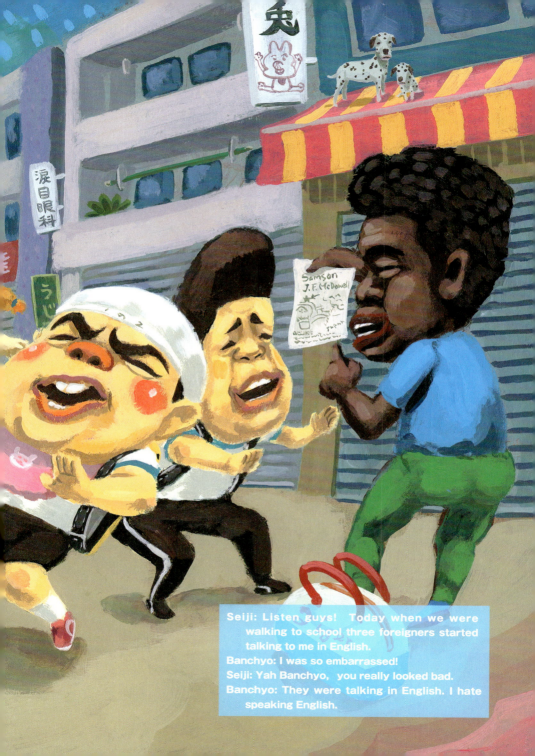

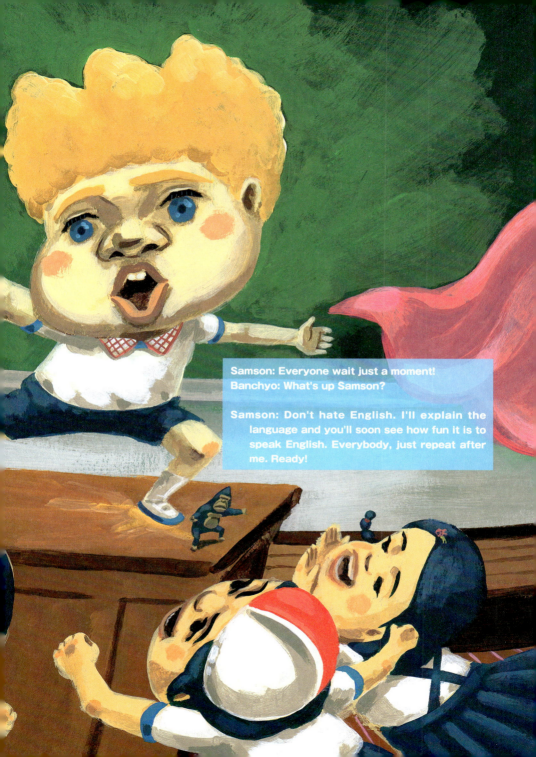

ありがあーんとあくびする

英単語

ant
あり

yawn
あくびする

もっと英単語
むし

- **beetle** かぶとむし
- **grasshopper** ばった
- **mantis** かまきり

An **ant** is yawning.

いしがすとーんと落ちる

stone
いし

take a fall
落ちる

big
はげしく(すとーんと)

はじめましてのことば

● Nice to meet you.
はじめまして

● Nice to meet you, too.
こちらこそ、はじめまして

● My name is Seiji.
ぼくのなまえはせいじです

A **stone** takes a big fall.

うしを飼う

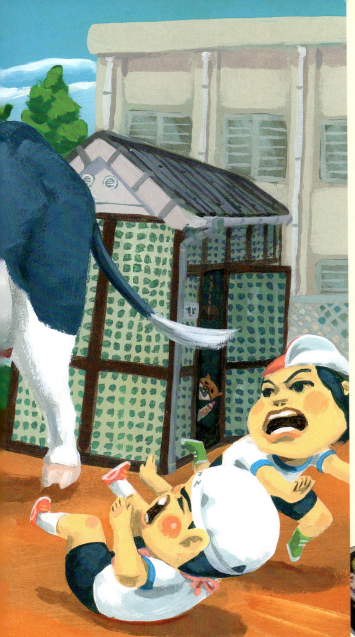

boy
おとこのこ

look after
飼う、世話をする

cow
うし

もっと英単語
どうぶつ①

- **horse** うま
- **pig** ぶた
- **sheep** ひつじ

The boy looks after the **cow**.

えいゆうに拾われる

hero
えいゆう

save
救う（拾う）

の楽しい英会話
あいさつ①

● Good morning.
おはよう

● Hello. こんにちは

● Hi！ やあ！

The **hero** saves the boy.

おおかみが売るふく

英単語

wolf (ウルフ)
おおかみ

sell (セル)
売る

clothes (クロウズ)
ふく

もっと英単語
どうぶつ②

- fox (ファックス) きつね
- monkey (マンキ) さる
- otter (アタァ) かわうそ

The **wolf** sells his clothes.
(ザ ウルフ セルズ ヒズ クロウズ)

「なんだ この不思議な ことばのひびきは？」
「ダ、ダジャレだよ…番長さん」
「サア。モット、モット、イキマスヨッ！」
「ぉ…おう」

からすの苦労話

英単語

crow (クロウ)
からす

talk (トーク)
話す

tough (タフ)
困難な、苦労した

times (タイムズ)
時代

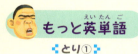
もっと英単語
とり①

- ostrich (アストゥリチ) だちょう
- peacock (ピーカク) くじゃく
- swan (スワン) はくちょう

ア　　クロウ　　トークス　アバウト　ヒズ　　タフ　　タイムズ
A **crow** talks about his tough times.

19

きゅうじつは芋掘りでい

英単語

holiday (ハリデイ)
きゅうじつ

dig (ディグ)
掘る

potato (ポテイトウ)
芋

もっと英単語
いっしゅうかん

- **saturday** (サタデイ) どようび
- **sunday** (サンデイ) にちようび
- **weekday** (ウィークデイ) へいじつ

Holidays are for digging potatoes.
(ハリデイ ズ アー フォー ディギング ポテイトウズ)

くじらが ほえる

英単語

whale (ホウェイル)
くじら

cry out (クライ アウト)
さけぶ、ほえる

to be heard (トゥ ビー ハード)
聞こえるように

もっと英単語
☆うみのどうぶつ☆

- **dolphin** (ダルフィン) いるか
- **seal** (スィール) あざらし
- **sea otter** (スィー アタァ) らっこ

ア　ホウェイル　クライズ アウト　トゥ ビー　ハード
A whale cries out to be heard.

けんこうでお腹(なか)へるすもうとり

英単語

hungry (ハングリィ)
空腹な、お腹のへる

sumo wrestler (スモウ レスラァ)
すもうとり

keep in (キープ イン)
たもつ

good health (グッド ヘルス)
けんこう

もっと英単語
― スポーツ ―

- **baseball** (ベイスボール) やきゅう
- **soccer** (サカァ) サッカー
- **swimming** (スウィミング) すいえい

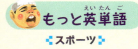

ザ　ハングリィ　スモウ　レスラァ　キープス イン　グッド　ヘルス
The hungry sumo wrestler keeps in good health.

こーんがり焼けたとうもろこし

コーン
corn
とうもろこし

パーフィクト
perfect
かんぜん
完全な（こーんがり）

タン
tan
ひや
日焼け

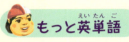

・やさい・

- キャロト **carrot** にんじん
- アニオン **onion** たまねぎ
- ターニプ **turnip** かぶ

コーン　ズ　ウィズ　パーフィクト　タンズ
Corns with perfect tans.

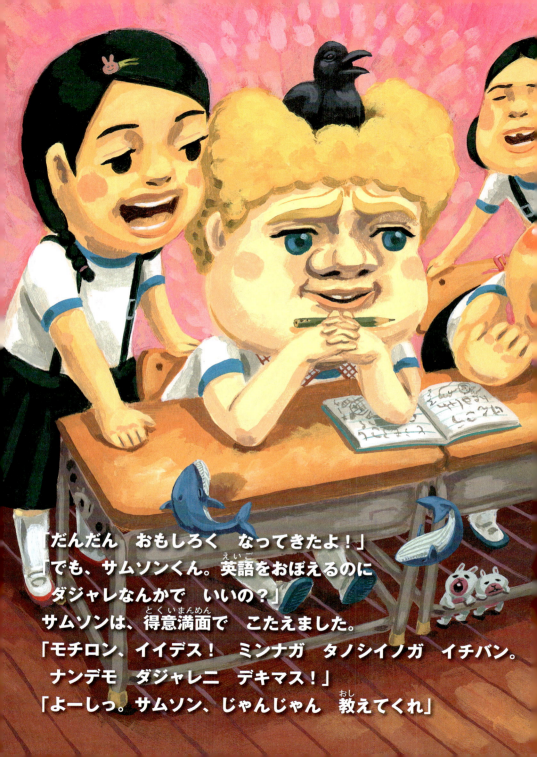

「だんだん おもしろく なってきたよ！」
「でも、サムソンくん。英語をおぼえるのに
　ダジャレなんかで いいの？」
サムソンは、得意満面で こたえました。
「モチロン、イイデス！ ミンナガ タノシイノガ イチバン。
　ナンデモ ダジャレニ デキマス！」
「よーしっ。サムソン、じゃんじゃん 教えてくれ」

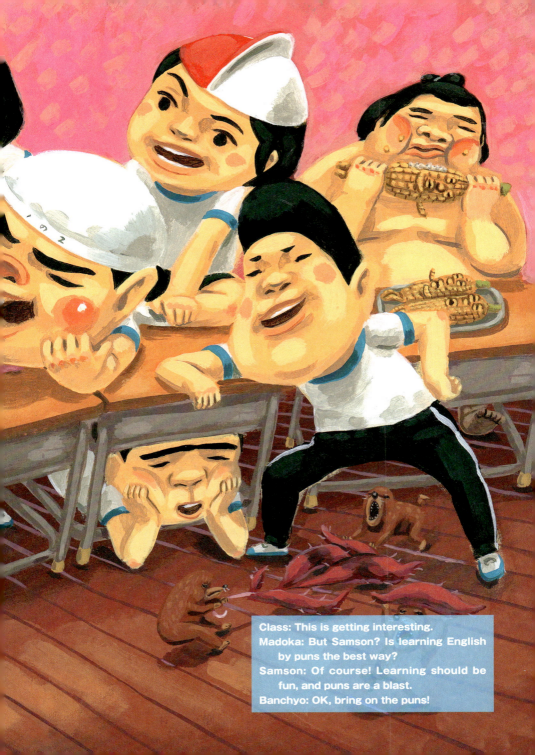

さんどの飯より砂あそび

プレイ
play
あそぶ

サンド
sand
すな
砂

ビート
beat
まさ
〜に勝る

イート
eat
た
食べる

スリー　ミールズ
three meals
めし　しょくじ
さんどの飯（食事）

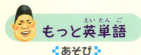

- ハイダンスィーク
 hide-and-seek
 かくれんぼう
- ソード　ファイト
 sword fight　ちゃんばら
- タグ
 tag　おにごっこ

プレイング　イン　ザ　　サンド　　　ビーツ　イーティング　スリー　　ミールズ
Playing in the sand beats eating three meals.

しゃくにさわるさめ

英単語

teacher (ティーチャ)
せんせい

annoy (アノイ)
いらいらさせる
（しゃくにさわらせる）

shark (シャーク)
さめ

もっと英単語
◆ さかな ◆

- **flatfish** (フラットフィッシュ)　ひらめ
- **sardine** (サーディーン)　いわし
- **tuna** (トゥーナ)　まぐろ

ザ　ティーチャ　ワズ　アノイド　バイ　ザ　シャーク
The teacher was annoyed by the **shark**.

すずがしゃべる

英単語

bell
すず

speak
話す、しゃべる

サムソンの楽しい英会話
✦あいさつ②✦

● **Goodbye.**
さようなら
● **Good evening.**
こんばんは
● **Good night.**
おやすみなさい

A **bell** is speaking.

せのたかいおとこがとおる

トール
tall
せのたかい

ガイ
guy
おとこ

パス
pass
とおる

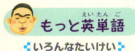

いろんなたいけい

● ファト fat ふとった
● ショート short せのひくい
● スリム slim やせた

ア　トール　ガイ　パスィズ　バイ
A **tall** guy passes by.

そっくりな靴下大作戦

 英単語

discuss (ディスカス)
話しあう

same style (セイム スタイル)
そっくりな

sock (サク)
靴下

plan (プラン)
計画（作戦）

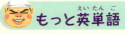 もっと英単語
みにつけるもの
- **cap/hat** (キャップ/ハット) ぼうし
- **gloves** (グラヴズ) てぶくろ
- **scarf** (スカーフ) マフラー

ザ ボイズ ディスカス ザ セイム スタイル サク プラン
The boys discuss "the same style **sock**" plan.

39

たいどの悪いネクタイ

tie
ネクタイ

bad
悪い

attitude
たいど

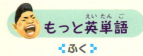

ふく

- pants　ズボン
- skirt　スカート
- underpants　パンツ

A **tie** with a bad attitude.

ちきゅうに明日(あす)かえる

 英単語

head back
もどる、かえる

earth
ちきゅう

tomorrow
明日

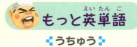 もっと英単語
うちゅう

- moon　つき
- star　ほし
- sun　たいよう

　ウィル　　ヘド　　バク　トゥ　　アース　　　　トゥモロー
We'll head back to Earth tomorrow.

43

つばめと座(すわ)ろう

英単語

sit
すわ
座る

next to
〜のとなりに

swallow
つばめ

もっと英単語
🔹 とり② 🔹

● **crane** つる
● **hawk** たか
● **owl** ふくろう

The boys sit next to the swallow.

て がみをくれた

46

英単語

pigeon (ピヂョン)
はと

bring (ブリング)
もってくる

letter (レタ)
てがみ

もっと英単語
・つうしん・

- **e-mail** (イーメイル) でんしメール
- **postcard** (ポウストゥカード) はがき
- **telephone** (テレフォウン) でんわ

ザ ピヂョンズ ブロウト サムソン メニイ レタ ズ
The pigeons brought Samson many **letter**s.

タイガー
tiger
とら

ヴァーサス
vs. (versus)
たい
対

モース
moth
が

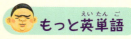

どうぶつ③

- エレファント
  elephant ぞう
- ジラフ
  giraffe きりん
- ズィーブラ
  zebra しまうま

ザ　　タイガー　　ヴァーサス　ザ　　モース
The **Tiger** vs. The Moth.

49

なつにさまよう

英単語

lost (ロースト)
道にまよった

dazed (デイズド)
ぼうぜんとした

summer (サマ)
なつ

heat (ヒート)
暑さ

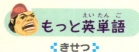

もっと英単語
きせつ

- **fall** (フォール)　あき
- **spring** (スプリング)　はる
- **winter** (ウィンタ)　ふゆ

ロースト　アンド　デイズド　イン　ザ　サマ　ヒート
Lost and dazed in the summer heat.

においをうすめる

英単語

tone down
トウン　ダウン
和らげる（うすめる）
やわ

smell
スメル
におい

サムソンの楽しい英会話
◁ ほめことば ▷

● **Cool!**
　クール
　かっこういいね！
● **Well done.**
　ウェル　ダン
　よくできました
● **It's delicious.**
　イッ　ディリシャス
　おいしいです

　サムソン　　トウンズ　　ダウン　　ザ　　　スメル
Samson tones down the smell.

ぬき足さし足 ふっとい足

ファト
fat
ふとい、ふとった

フット
foot
足

ティップトウ
tiptoe
ぬき足、さし足で

・からだ

● アーム
　arm　うで
● フィンガー
　finger　てのゆび
● ネック
　neck　くび

ザ　　ボイ　　ウィズ　ア　ファト　　フット　　ティップトウズ　アバウト
The boy with a fat **foot** tiptoes about.

55

ねっとりした網

英単語

stuck (スタク)
動かなくなる

sticky (スティキ)
ねばねばする
（ねっとりする）

net (ネット)
網

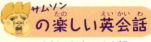

サムソンの楽しい英会話
◆だいじなことば◆

- Thank you. (サンキュー) ありがとう
- I'm sorry. (アイム ソーリィ) ごめんなさい
- Excuse me. (イクスキュウズ ミー)
  しつれいしました

Stuck in a sticky net.
(スタク インア スティキ ネット)

のこぎりで そーっと きる

スムーズ
smooth
なめらかに（そーっと）

カット
cut
きる

ソー
saw
のこぎり

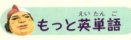

きるどうぐ

● キチン ナイフ
kitchen knife
ほうちょう

● スィザズ
scissors はさみ

● ソード
sword かたな

ア　スムーズ　カッティング　　ソー
A smooth cutting saw.

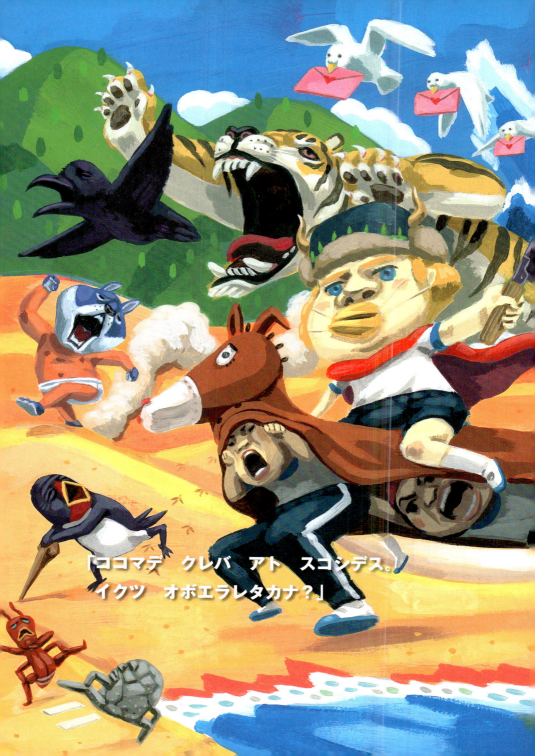

はくりょく満点のやま

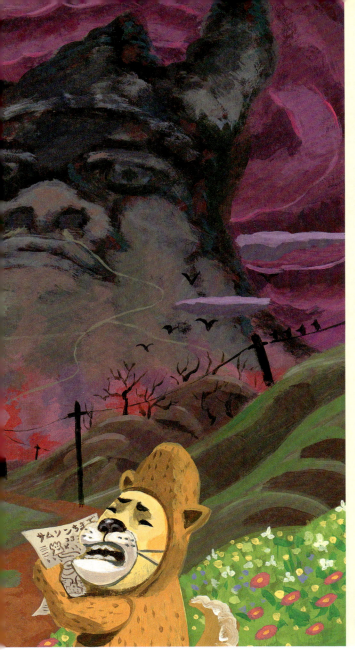

ストローング
strong
強い、強大な

パワフル
powerful
強力な、力強い

マウンテン
mountain
やま

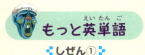

しぜん①

- フォーレスト
  forest もり
- リヴァ
  river かわ
- スィー
  sea うみ

ア ストローング アンド　　パワフル　　　　　マウンテン
A strong and powerful **mountain**.

ひみつで「すしくれっ」とたのむ

英単語

work
はたらきかける
（たのむ）

in secret
ひみつで

get
もらう

sushi
すし

サムソンの楽しい英会話
◆ おいわいのことば ◆

● Congratulations!
おめでとう！

● Happy birthday!
おたんじょうびおめでとう！

● Happy New Year!
あけましておめでとう！

The boys work in **secret** to get some sushi.

65

ふうせんが いばるんだ！

stubborn
スタバン
ひねくれた、強情な

balloon
バルーン
ふうせん

full of hot air
フル オブ ハット エア
いばる

もっと英単語
◆あそびどうぐ◆

● ball　ボール
ポール
● blocks　つみき
ブラックス
● kite　たこ
カイト

ア　　スタバン　　　バルーン　　　フル オブ ハット エア
A stubborn **balloon** full of hot air.

へんそうしためんどり

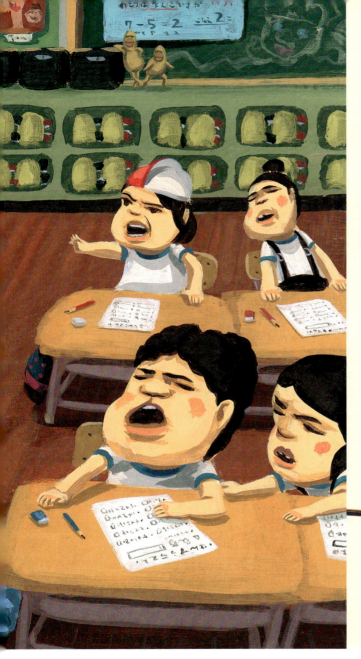

hen
めんどり

disguise
へんそうさせる

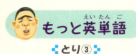
とり③

- chick　ひよこ
- rooster　おんどり
- turkey　しちめんちょう

The **hen** disguised as Banchyo.

ほねが盆踊り

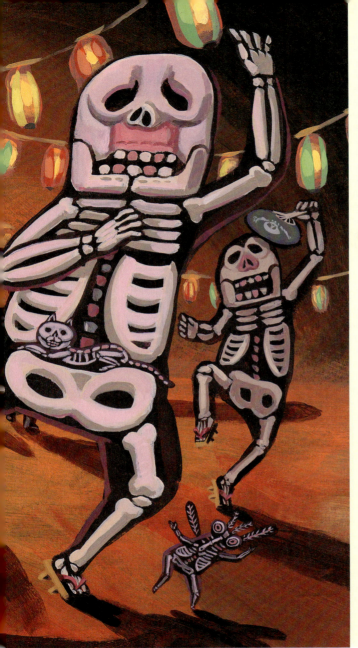

bone
ほね

Bon dance
盆踊り

サムソンの楽しい英会話
・げんきづけることば・

● **Cheer up!**
げんきをだして！

● **Don't worry.**
しんぱいしないで

● **Never mind.**
きにしないで

The **bone**s doing a Bon dance.

まんまるおめめのほ乳類(にゅうるい)

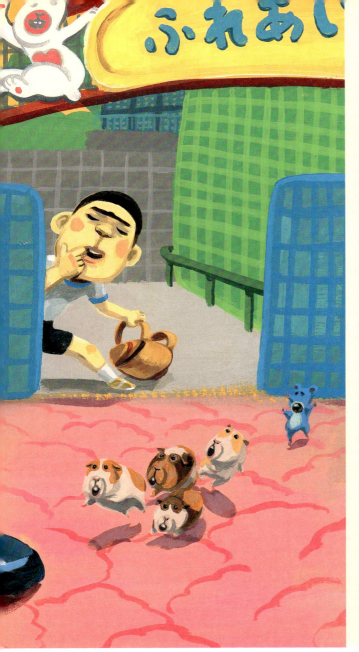

英単語
えいたんご

ベイビ
baby
あか
赤ちゃん

ママル
mammal
にゅうるい
ほ乳類

ラウンド
round
まるい、まんまるい

アイ
eye
め

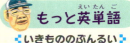

もっと英単語
えいたんご

いきもののぶんるい

- バーヅ ちょうるい
  birds 鳥類
- フィシィズ ぎょるい
  fishes 魚類
- レプタイルズ ちゅうるい
  reptiles は虫類

ベイビ　　ママル　　ス ウィズ　ラウンド　アイズ
Baby mammals with round eyes.

みずうみに霊来る

spirit
霊

appear
あらわれる（来る）

lake
みずうみ

しぜん②

- **cliff** がけ
- **stream** おがわ
- **waterfall** たき

The spirit appears at the **lake**.

むすめがどーたばたする

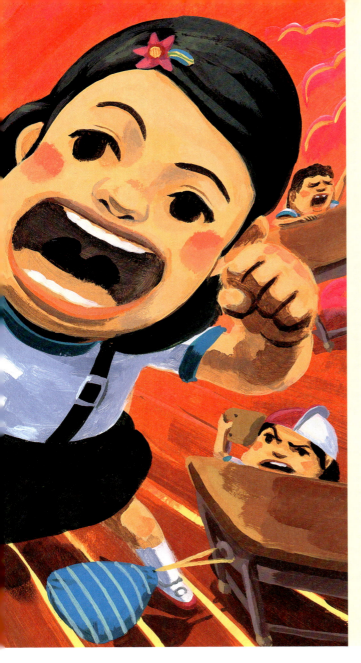

young
わかい

daughter
むすめ

run about
走り回る
（どたばたする）

かぞく

- **father** おとうさん
- **mother** おかあさん
- **son** むすこ

The young **daughter** runs about.

kid
子ども

flash
投げかける

each other
おたがい

sign
合図

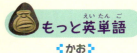

かお

- ear みみ
- mouth くち
- nose はな

The kids flash each other **eye** signs.

もうすこし苔を増やしたい

 英単語

want to
〜したい

add
追加する、増やす

bit
すこし

more
もっと

moss
苔

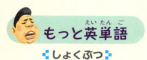 もっと英単語

▸しょくぶつ◂

- bamboo 竹
- chrysanthemum 菊
- pine 松

サムソン　ウォンツ　トゥ　アド　ア　ビト　モー　モース
Samson wants to add a bit more moss.

やぎとおままごと

82

 英単語

goat
やぎ

play house
ままごとあそびをする

もっと英単語
どうぶつ④

- **dog** いぬ
- **rabbit** うさぎ
- **raccoon dog** たぬき

The **goat** plays house with the kids.

ゆきの日は冷えますのう

 英単語

スノウ
snow
ゆき

カム
come
来る、〜になる

コウルド
cold
寒さ、冷え

 もっと英単語
そら

● クラウド
　cloud　くも

● レイン
　rain　あめ

● レインボウ
　rainbow　にじ

ウィズ　ザ　スノウ　カムズ　ザ　コウルド
With the snow comes the cold.

よるは寝ないと

英単語

ベスト
best
もっともよい

スリープ
sleep
ね
寝る

ナイト
night
よる

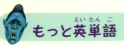
もっと英単語

・いちにち・

● デイタイム
daytime ひるま

● イーヴニング
evening ゆうがた

● モーニング
morning あさ

イッツ　ベスト　トゥ　スリープ　アット　ナイト
It's best to sleep at **night**.

らいめいで解散だ

英単語

クラス
class
授業

ディスパース
disperse
解散する

デュー トゥ
due to
〜のため

サンダァ
thunder
らいめい、かみなり

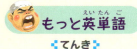
もっと英単語
･てんき･

● フォーグ
　fog　きり
● ストーム
　storm　あらし
● タイフーン
　typhoon　たいふう

ザ　　クラス　　ディスパースド　デュー トゥー　　サンダァ
The class dispersed due to thunder.

りすに救われる

英単語

squirrel (スクワーレル)
りす

come to (カム トゥ)
〜しに来る

rescue (レスキュー)
救助、救い

もっと英単語
◆どうぶつ⑤◆

● cat (キャット) ねこ
● mole (モウル) もぐら
● mouse (マウス) ねずみ

The **squirrel** comes to the rescue.
(ザ スクワーレル カムズ トゥ ザ レスキュー)

るすの家、這うすいか

 英単語

ウォータメロン
watermelon
すいか

クロウル
crawl
這う

エンプティ　ハウス
empty house
(留守で)人けのない家

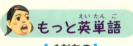 もっと英単語
❖くだもの❖

● チェリ
　cherry　さくらんぼ
● グレイプス
　grapes　ぶどう
● ピーチ
　peach　もも

ザ　　ウォータメロン　　クロウルズ　　スルー　　ザ　エンプティ　　ハウス
The watermelon crawls through the empty **house**.

れい点くらいで泣くもんか！

英単語

cry
クライ
泣く

test
テスト
試験

score
スコア
点数

もっと英単語
きもちのひょうげん

● **get angry** おこる
　ゲット　アングリィ
● **laugh** わらう
　ラフ
● **smile** ほほえむ
　スマイル

アイル ネヴァー クライ オーヴァー ア バド テスト スコア
I'll never **cry** over a bad test score.

ろば団起立

ダンキィ
donkey
ろば

スタンド　トゥ　アテンション
stand to attention
きりつ
起立

･ごうれい･

● バウ
　bow　れい
● スィット　ダウン
　sit down　ちゃくせき
● スタンド　アップ　ストレイト
　stand up straight
　きをつけ

ザ　　　　ダンキィ　　　ズ　スタンド　トゥ　アテンション
The donkeys stand to attention.

わぉんを弾いてこうどうだ

英単語

play
弾く

chord
わおん

move
動く、こうどうする

beat
拍子

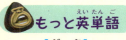

がっき

- **drum** たいこ
- **piano** ピアノ
- **xylophone** もっきん

サムソン　プレイズ　ア　コード　アンド　ムーヴズ　トゥ　ザ　ビート
Samson plays a chord and moves to the beat.

ブゥーン。音楽にのって サムソンは 教室を
でていってしまいました。
「サムソーン！『を』と『ん』が、まだだぞー！」

「もう休み時間も終わっちゃうよ」
みんなは だんだんと 心配になってきました。
「番長が せめるからだよ」
「だって、なんでも ダジャレにできるっていうから…」

バタン！　教室のとびらが　突然　開きました。
「サムソン！　どこに　いってたんだよ⁉」
「ボクノ　トモダチヲ　ツレテキタヨ！
　ミンナデ　ダジャレヲ　ツクレバ　モット　タノシイデス」

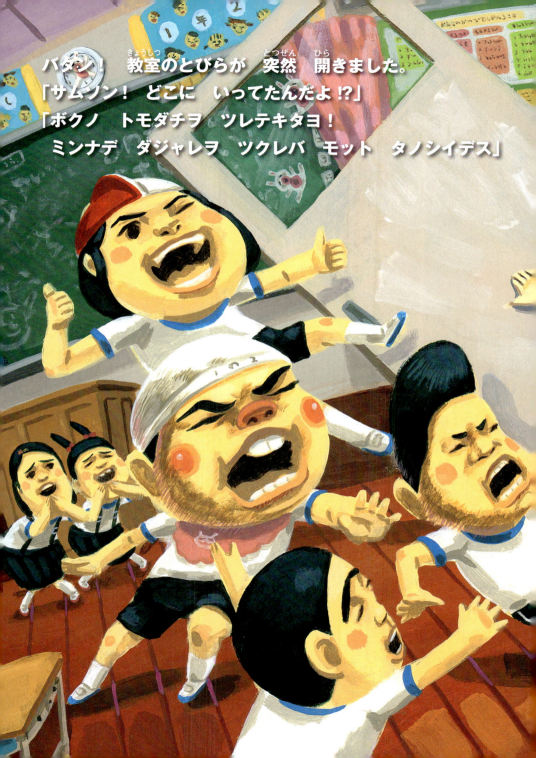

いくつ おぼえたかな？
チェックしてみよう！

Write a check in the box next to the words you know.

□ アント
ant

□ ストーン
stone

□ カウ
cow

□ ヒーロウ
hero

□ ウルフ
wolf

□ クロウ
crow

□ ハリデイ
holiday

□ ホウェイル
whale

□ ヘルス
health

□ コーン **corn**	□ サンド **sand**	□ シャーク **shark**

□ ベル **bell**	□ トール **tall**	□ サク **sock**

□ タイ **tie**	□ アース **earth**	□ スワロウ **swallow**

□ レタ **letter**	□ タイガー **tiger**	□ サマ **summer**

☐ スメル **smell** 	☐ フット **foot** 	☐ ネット **net** 
☐ ソー **saw** 	☐ マウンテン **mountain** 	☐ スィークレット **secret** 
☐ バルーン **balloon** 	☐ ヘン **hen** 	☐ ボゥン **bone** 
☐ ママル **mammal** 	☐ レイク **lake** 	☐ ドータァ **daughter** 

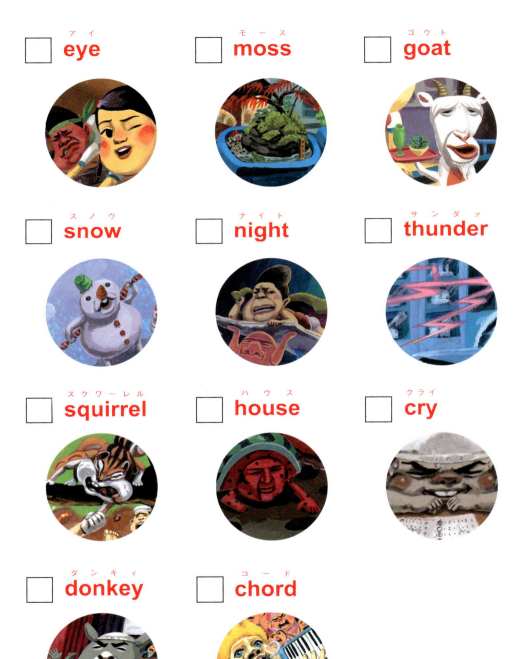

KOUTAKU YOSHINAGA

よしながこうたく

1979年福岡県生まれ。九州産業大学芸術学部卒業。18歳から作家活動をはじめ、イラストレーターとして国内外の様々な媒体の仕事を手がける。はじめての絵本『給食番長』が人気となり、シリーズ化。続刊に『飼育係長』『あいさつ団長』『おそうじ隊長』『ちこく姫』(いずれも好学社)がある。他の絵本作品に「ぼくだってウルトラマン」シリーズ(講談社)、「ようかいガマとの」シリーズ(あかね書房)など多数。
http://www.edomacho.com

LUCAS BADTKE-BERKOW

ルーカス B.B.

1971年アメリカ生まれ。カリフォルニア大学卒業後、来日。1996年、カルチャー誌『TOKION』創刊。現在、(有)ニーハイメディア・ジャパン代表として、トラベル誌『PAPERSKY』やキッズ誌『mammoth』を発行しながら、ウェブサイトやイベントプロデュースなど幅広く活動中。これまでに手がけた雑誌に『metro min.』や『PLANTED』などがある。
http://www.khmj.com

サムソン先生のダジャレ英語学習帳

よしなが こうたく さく
ルーカス B.B. 英語監修

2018年12月13日　第1刷発行
発　行　者　　有松敏樹
発　行　所　　株式会社 好学社
　　　　　　　東京都港区芝 3-3-15（芝 MONT ビル）
　　　　　　　電話 03-5444-6911　FAX 03-5444-6915
協　　　力　　バルコ香織
印刷・製本　　アート印刷株式会社

本書の無断複写（コピー）は著作権法上の例外を除き、禁じられています。乱丁・落丁はお取り替えいたします。
© Koutaku Yoshinaga 2018 Printed in Japan
ISBN978-4-7690-2337-1
本書は、2011年長崎出版刊行の『サムソン先生のダジャレ英語学習帳』を一部修正したものです。

アルファベット を かいてみよう！

Try to write the alphabet. →

A a　B b

C c　D d　E e

F f　G g　H h